CRÊPES BIO, C'EST PARTY !

CLÉMENCE CATZ

PHOTOGRAPHIES ET STYLISME
MARÍA ÁNGELES TORRES

éditions la plage

Pour être tenu au courant de nos publications,
envoyez vos coordonnées à :

La Plage
edition@laplage.fr
www.laplage.fr

ISBN : 978-2-84221-308-4
Conception graphique : David Cosson – dazibaocom.com
Correction : Clémentine Bougrat
Photogravure : Atelier Six, Montpellier

FSC MIXTE Papier FSC® C112206

Imprimé sur du papier issu de forêts gérées durablement,
à Barcelone, sur les presses de Beta (ES), imprimeur labellisé
pour ses pratiques respectueuses de l'environnement.

DES CRÊPES QUI CHANGENT !

Pourquoi réserver les crêpes à la Chandeleur et au goûter des enfants, alors qu'elles méritent largement leur place dans nos menus hebdomadaires, entre le plat de pâtes vide-frigo et le gratin de légumes du marché ? Faciles et rapides à préparer, customisables à l'infini, selon l'envie du moment et le contenu des placards, les crêpes sont en effet une excellente façon de se nourrir sainement , à condition de modifier un peu la recette traditionnelle.

En effet, l'un des plus gros défauts de la crêpe est… son contenu. De la farine de blé (sauf pour les galettes de sarrasin), des œufs, du beurre, du lait de vache et parfois, du sucre raffiné : que des produits suspectés d'être nocifs à trop forte dose et auxquels de plus en plus de personnes sont d'ailleurs intolérantes, voire allergiques. Heureusement, la cuisine bio est championne des ingrédients alternatifs : « laits » végétaux, purées d'oléagineux ou farines complètes avec ou sans gluten sont d'excellents moyens de se faire plaisir sans avoir mauvaise conscience – et avec un petit supplément de goût.

Car tous les *addicts* de ces produits « bruts » et naturels vous le diront : il est presque impossible de revenir en arrière lorsqu'on a découvert leur incroyable palette de saveurs. Double bénéfice : vous ne mangerez jamais deux fois la même crêpe, et vous ferez des repas complets et équilibrés, en mariant les protéines végétales des céréales et des légumineuses avec les vitamines des fruits et légumes de saison, ainsi qu'avec les « bons » acides gras des huiles végétales et des purées d'oléagineux.

Ce livre propose une trentaine de recettes de garnitures, mais aussi de pâtes à crêpes, ainsi que des tas de petites astuces pour vous régaler de crêpes qui changent, en les empilant façon lasagnes ou tiramisu, en parfumant votre pâte avec des fleurs séchées ou des huiles essentielles, ou en gagnant le concours de la galette des Rois la plus originale. La « complète » de la crêperie d'à côté n'a qu'à bien se tenir !

SOMMAIRE

DES INGRÉDIENTS
BIO ET ALTERNATIFS

LES FARINES ET FLOCONS

On trouve en épiceries bio de nombreuses céréales, et presque autant de farines, avec ou sans gluten. Ce serait dommage de se cantonner au blé et au sarrasin ! N'hésitez pas à troquer une farine contre une autre, en tenant compte bien sûr du résultat souhaité et des autres ingrédients de la pâte à crêpes...

Les farines avec gluten : elles sont indispensables dans les pâtes qui doivent lever (pour les blinis, les naans, les crêpes « mille trous »), car le gluten leur donne de l'élasticité.

• La farine de base est bien sûr celle de **blé**. Choisissez de préférence une farine bise ou T80, c'est-à-dire semi-complète, qui reste suffisamment légère pour lever correctement mais qui conserve une bonne partie des fibres et minéraux contenus dans l'enveloppe du grain.

• On trouve aussi du gluten en plus petite quantité dans la farine de **petit épeautre**, très riche en magnésium et généralement mieux tolérée que celle de blé, dans la farine de **seigle**, au petit goût rustique et particulièrement riche en manganèse, et dans celle de **Kamut**, une variété ancienne de blé bien pourvue en protéines.

Les farines sans gluten sont bien plus nombreuses qu'on ne le croit et offrent une grande variété gustative et nutritionnelle. Contrairement aux farines « avec gluten », qui sont toujours à base de céréales, certaines farines sans gluten proviennent de légumineuses ; associer ces dernières à des farines de céréales permet de bénéficier d'un bon apport en protéines complètes, en réunissant dans un même repas tous les acides aminés dits « essentiels », que notre organisme ne sait pas produire de lui-même.

• **La farine de sarrasin** : très couramment utilisée dans la confection des galettes salées, auxquelles elle donne un petit goût rustique, elle est également délicieuse à la place de la farine de blé dans des crêpes beurre-sucre ou au chocolat. Les grains fraîchement moulus donnent aux crêpes une irrésistible texture moelleuse à cœur et croquante sur les bords.

• **La farine de riz** : ultralégère, elle apporte aux crêpes une petite note croustillante. Autre avantage : sa saveur très neutre, idéale lorsqu'on ne veut pas masquer le parfum délicat des autres ingrédients de la pâte ou de la garniture. Pour les mêmes raisons qu'avec la farine de blé, choisissez de préférence de la farine de riz semi-complet.

• **La farine de maïs** : sa saveur douce convient aussi bien aux crêpes salées que sucrées, auxquelles elle transmet sa jolie couleur dorée et beaucoup de moelleux.

• **La farine de quinoa** : son petit goût si particulier se marie très bien avec les parfums typés et en fait l'alliée idéale des crêpes d'automne ou au chocolat. Généralement associé à la famille des céréales, dont il ne fait pas tout à fait partie, le quinoa a la particularité de réunir à lui seul les 8 acides aminés essentiels.

• **La farine de châtaigne** : grâce à sa saveur corsée et presque sucrée, elle convient particulièrement aux crêpes sucrées ou fortes en goût. Tout comme avec la farine de quinoa, n'hésitez pas à atténuer un peu sa puissance aromatique en l'associant à une farine au goût plus neutre (blé, riz).

• **La farine de pois chiche** : très présente dans les cuisines indienne et méditerranéenne, qui l'associent souvent aux épices et aux légumes mijotés, cette farine riche et lourde cuit et épaissit très vite ; il suffit de la mélanger avec un peu d'eau pour obtenir de belles crêpes épaisses et moelleuses.

• J'ai choisi de ne présenter dans ce livre que les farines les plus courantes, mais il en existe bien sûr beaucoup d'autres, comme celles de **teff** et de **soja**, sans compter celles que vous pourrez moudre vous-même à partir des graines de votre choix. N'hésitez pas à faire vos propres essais !

D'autres préparations céréalières permettent d'ajouter un petit plus à la texture de vos crêpes.

• **Les flocons**, qui peuvent être fabriqués à partir de nombreuses céréales (avoine, seigle, quinoa...), donnent du liant et de l'épaisseur à la pâte ; ils sont parfaits pour les blinis et autres petites crêpes. Je vous conseille de laisser reposer la pâte avant de faire cuire vos crêpes, afin de permettre aux flocons de se ramollir et de se lier au reste des ingrédients.

• **Les fécules** (maïs, arrow-root, pomme de terre) apportent liant et légèreté à la pâte. À incorporer en petite quantité, à la place d'une partie de la farine.

• **La polenta**, une sorte de semoule de maïs très utilisée dans la cuisine italienne, donne une étonnante texture croustillante aux crêpes. Attention à bien choisir de la polenta instantanée, c'est-à-dire précuite !

LES LAITS VÉGÉTAUX

Si vous évitez les produits à base de lait de vache ou si vous souhaitez découvrir d'autres saveurs et tous les bénéfices santé qui vont avec, il existe des « laits » végétaux. Composés principalement d'une céréale ou d'une graine oléagineuse, voire d'une légumineuse dans le cas du soja, broyée avec de l'eau, ils se boivent tels quels, froids ou chauds, mais font aussi d'excellentes aides culinaires : il suffit de les utiliser comme le lait de vache.

• **Le lait de soja** : c'est le plus connu des laits végétaux. Sa saveur relativement neutre et sa texture proche du lait de vache lui permettent de se glisser dans toutes sortes de pâtes à crêpes, salées ou sucrées.

• **Le lait d'amande** : ultragourmand, épais et riche, il transmet sa saveur délicate aux crêpes sucrées. Il devra parfois être dilué avec un peu d'eau ou un lait plus aqueux, selon la marque choisie et sa teneur en amande. Vous pouvez fabriquer vous-même votre lait d'amande en mixant 2 cuillerées à soupe de purée d'amande blanche ou complète avec 1/2 litre d'eau. Le lait de noisette, fabriqué de la même façon avec de la purée de noisette, est un délice dans les crêpes au chocolat !

• **Le lait de riz** : très aqueux et riche en amidon, il donne beaucoup de légèreté aux crêpes... mais les rend aussi plus difficiles à retourner ! Réservez-le aux petites crêpes, à retourner à la spatule, ou faites moitié-moitié avec un autre lait végétal pour une texture plus équilibrée. Mon association préférée : riz-amande.

• **Le lait d'avoine** : son agréable petit goût de noisette est délicieux dans les crêpes sucrées. Attention, bien qu'elle soit beaucoup mieux tolérée que le blé, l'avoine est déconseillée aux personnes intolérantes au gluten.

• On trouve également dans le commerce des préparations à base de **graines mélangées** (épeautre-noisette, riz-quinoa…) : très gourmandes, elles sont généralement sucrées et donc mieux adaptées aux pâtes à crêpes sucrées.

REMPLACER LES ŒUFS

Un véritable défi qui, je dois bien l'avouer, m'effrayait un peu. Et puis j'ai découvert de nombreuses façons très efficaces de réussir de magnifiques crêpes sans œufs.

• **Les farines fraîchement moulues** : on peut fabriquer soi-même ses farines en mixant très finement des céréales ou des légumineuses à l'aide d'un moulin à café électrique. Outre les bénéfices gustatifs et nutritionnels, cette méthode permet d'obtenir une farine fraîche qui se lie d'elle-même au liquide avec lequel elle est mélangée, permettant ainsi de se passer d'œufs. J'utilise surtout cette technique avec le sarrasin (que je préfère torréfier quelques instants, à sec, pour un supplément de saveur). N'hésitez pas à investir dans un petit moulin à café électrique pour faire vos propres farines, mais également votre poudre d'amande ou votre gomasio maison !

• **Certaines farines (pois chiche, châtaigne)** ont une composition particulière, riche en amidon, qui permet de se passer d'œufs. N'oubliez pas de bien laisser reposer la pâte avant cuisson : 30 minutes suffisent.

• **Les fécules** (maïs, arrow-root, pomme de terre) : associées à la farine dans les pâtes à crêpes, elles permettent de se passer d'œufs tout en légèreté. Ma préférée : la fécule de pomme de terre, redoutablement efficace, mais plus adaptée aux crêpes salées en raison de sa saveur assez prononcée. Comptez 30 à 40 g de fécule pour 100 g de farine.

• **Les graines de lin** sont un moyen bien connu des végétaliens de remplacer les œufs dans toutes sortes de pâtisseries : mélangées avec un peu d'eau, elles forment un mucilage permettant de lier les autres ingrédients entre eux. Il est important de bien moudre les graines afin d'obtenir une pâte facile à incorporer, mais aussi de profiter au maximum de leurs bienfaits : richesse en acides gras de type oméga-3 et en antioxydants, amélioration du transit et de la digestion…

• Dans le cas des blinis et autres pancakes, le **tofu soyeux**, le **yaourt** ou la **banane** écrasée, additionné éventuellement d'un peu de levure et/ou de fécule, suffit largement à lier et à donner de la texture à la pâte. Inutile d'ajouter des œufs !

• Enfin, une façon très simple de supprimer les œufs consiste à… ne pas en mettre, à augmenter un peu la quantité de farine et à cuire les crêpes en petit format, afin de pouvoir les retourner facilement à la spatule. Simplicité et légèreté garanties !

LES AUTRES AMIS DES CRÊPES VÉGÉTALES

Que ce soit dans la pâte à crêpes ou dans la garniture, usez et abusez de ces ingrédients aussi gourmands que riches en nutriments…

• **Les sucres naturels** : du sucre intégral à l'étonnant petit goût de caramel au sirop d'agave au faible indice glycémique, en passant par le miel, la mélasse ou le sirop d'érable, il existe en magasins bio des dizaines de variétés de sucres et autant de textures et de parfums différents. Faites-vous plaisir !

• **Les purées d'oléagineux** : elles ont l'incroyable pouvoir de remplacer le beurre dans presque toutes les préparations salées ou sucrées, et leur saveur (amande, noisette, sésame, cacahuète ou noix de cajou) est irrésistible. Une raison de plus pour craquer : ce sont des mines de « bons » acides gras.

• **Les huiles essentielles** (agrumes, lavande, menthe, géranium…) : à incorporer au compte-gouttes pour une touche raffinée et beaucoup de parfum. Attention, elles sont déconseillées aux femmes enceintes et aux enfants de moins de 3 ans. Dans ce cas, remplacez-les par des eaux florales, plus légères en goût mais aussi en principes actifs.

• **L'huile d'olive** : au-delà de 130 °C, le beurre fume, produit des composés toxiques et devient non seulement moins digeste, mais aussi mauvais pour la santé. L'huile d'olive, qui supporte des températures de cuisson beaucoup plus élevées (environ 200 °C), le remplace très bien, que ce soit dans la poêle (étalez-en une fine pellicule avec du papier absorbant ou une rondelle de pomme de terre) ou dans la pâte à crêpes. Et son goût, une fois qu'elle est cuite, est à peine perceptible, à moins bien sûr d'en ajouter une grandes quantités.

TROIS MENUS POUR INTOLÉRANTS…

Sans gluten
Blinis de soja vert et guacamole (page 24)
Crêpes aux tagliatelles de carotte et à la crème de cacahuète (page 20)
Crêpes au sirop d'érable et à l'huile essentielle de mandarine (page 34)

Sans lait de vache
Crêpes de maïs et coulis de poivrons rouges (page 16)
Petites aumônières aux pruneaux et aux « lardons » de tofu fumé (page 58)
Crêpes aux myrtilles et aux graines de pavot bleu (page 38)

Sans œufs
Petites crêpes aux flocons de quinoa (page 13)
Blinis burgers au potimarron et à la crème noisette (page 12)
Crêpes à la farine de châtaigne et compotée de coings aux épices douces (page 42)

MES PETITS CONSEILS

• **Le matériel** : toutes les recettes de ce livre peuvent être réalisées avec une poêle antiadhésive de format standard (26 à 28 cm de diamètre environ). Pour les petites crêpes (blinis, pancakes…), ne remplissez qu'à moitié voire au tiers votre louche et faites cuire plusieurs crêpes en même temps, ou investissez dans une poêle à blinis. Il existe également des petites louches, très pratiques lorsqu'on veut que toutes les crêpes aient la même taille ou la même épaisseur.

• **Pour éviter les grumeaux**, faites un puits dans la farine (tamisée si possible), ajoutez les œufs (ou le yaourt, l'huile, le tofu soyeux, etc.) et un peu de liquide (eau ou lait), mélangez à la cuillère pour obtenir une crème épaisse et uniforme, puis allongez petit à petit avec le reste du liquide, tout en fouettant. S'il y a des grumeaux, donnez un petit coup de mixeur plongeant.

• Personnellement, j'aime les **crêpes épaisses et moelleuses**. Si vous les préférez plus fines, n'hésitez pas à ajouter un peu d'eau, de bière ou d'eau gazeuse dans la pâte !

• Ne vous sentez pas obligé(e) de **laisser reposer** votre pâte : cette opération est surtout destinée à permettre à la farine de se lier correctement aux autres ingrédients et à éviter les grumeaux, mais la différence n'est pas toujours flagrante, sauf pour les pâtes qui lèvent (blinis, crêpes « mille trous »).

• **La conservation** : vous pouvez conserver vos crêpes 2 à 3 jours au réfrigérateur, emballées dans du film alimentaire. Attention, elles ont parfois tendance à sécher et sont toujours meilleures le jour même. Vous pouvez également préparer votre pâte à crêpes la veille et la stocker au réfrigérateur, dans une bouteille en plastique ou un récipient hermétique.

• **La congélation** : aucun problème pour la pâte à crêpes, qu'il vous suffira ensuite de placer pour quelques heures au réfrigérateur avant de la faire cuire. Les crêpes déjà cuites, en revanche, supportent mal la congélation, qui les rend plus fragiles.

• Et bien sûr, rien ne vous empêche de remplacer une farine par une autre, de supprimer les œufs d'une recette à l'aide d'une technique utilisée dans une autre, ou de mélanger la pâte à crêpes X avec la garniture Y : amusez-vous !

CRÊPES
SALÉES

BLINIS BURGERS

AU POTIMARRON ET À LA CRÈME NOISETTE

De délicieux burgers végétariens aux saveurs d'automne, riches en enzymes digestives grâce au miso. À accompagner de frites de panais ou de patate douce !

POUR 4 SANDWICHS

Pour les blinis

- 200 g de yaourt de lait de brebis
- 50 g de farine de châtaigne
- 50 g de farine de petit épeautre
- 1 c. à café de sel
- 1 sachet de poudre à lever
- 50 ml d'huile d'olive

Pour la garniture

- 2 c. à café de miso
- 2 c. à café de purée de noisette
- 200 g de purée de potimarron chaude
- 80 g d'emmental

Préparer la pâte à blinis : mélanger le yaourt avec les farines, le sel et la poudre à lever. Ajouter l'huile. Laisser reposer 1 heure au réfrigérateur.

Faire chauffer de l'huile d'olive dans une poêle, puis y déposer 8 petits tas de pâte. Les aplatir légèrement et laisser cuire 2 minutes environ, puis retourner les blinis et laisser cuire encore 1 petite minute à feu doux.

Mélanger le miso avec la purée de noisette et tartiner tous les blinis. En recouvrir la moitié de purée de potimarron et de lamelles d'emmental, puis refermer les sandwichs avec les blinis restants, côté miso vers l'intérieur.

Disposer les sandwichs dans un plat à gratin et les passer pour quelques instants sous le gril du four avant de servir.

D'autres idées de burgers végétariens

- Blinis à la farine d'épeautre et aux graines de sésame, aubergines grillées et crème de sésame.
- Blinis à la farine de blé bise et au thym séché, fondue d'oignons rouges et chèvre frais.
- Blinis aux farines de blé et de sarrasin, seitan et crème de champignons à la purée de noisette.

PETITES CRÊPES AUX FLOCONS DE QUINOA

Des petites crêpes moelleuses, très digestes et riches en protéines complètes grâce au mélange riz-quinoa. À garnir avec ce qu'on veut !

POUR 4 CRÊPES ENVIRON

- 70 g de farine de riz complet
- 1 c. à café de sel
- 50 g de flocons de quinoa
- 1 c. à soupe de crème de riz (en poudre)
- 2 c. à soupe d'huile d'olive

Mélanger la farine avec le sel et les flocons, puis incorporer la crème et l'huile d'olive. Délayer petit à petit avec 200 ml d'eau. Laisser reposer 30 minutes, puis bien mélanger.
Faire cuire de petites louchées de pâte dans un peu d'huile d'olive, 2 minutes environ de chaque côté, jusqu'à ce que les crêpes soient bien prises.

Variantes

D'autres mélanges riches en protéines complètes, grâce à l'association céréales-légumineuses : flocons d'azuki et farine de riz, flocons de seigle et farine de pois chiche, flocons de soja et farine de sarrasin...

Suggestion d'accompagnement : crème de carotte au miso

Découpez 300 g de carottes en rondelles et faites-les cuire à la vapeur ou à l'étouffée pendant 15 minutes environ, jusqu'à ce qu'elles soient bien tendres. Mixez avec 1 cuillerée à café de miso et 1 cuillerée à soupe d'huile de noisette.

NAANS AU « FAUX-MAGE »

Point de fromage dans cette réplique végétalienne du célèbre petit pain indien fourré à La Vache qui rit, mais une étonnante préparation « faux-magère » à base d'amande, de sésame et de miso, riche en goût et bons acides gras végétaux… À déguster tout chaud, tant que le cœur est bien fondant !

POUR 4 NAANS

Pour les naans

- 250 g de farine de blé T80
- 1 c. à café rase de sel
- 1 sachet de poudre à lever
- 30 ml d'huile d'olive
- 1 yaourt de soja nature (125 g)

Pour le « faux-mage »

- 50 g de purée d'amande blanche
- 25 g de purée de sésame blanc (tahin)
- 2 c. à soupe de levure maltée
- 2 c. à café rases de miso blanc
- 2 g (1 c. à café rase) d'agar-agar

La veille, préparer le « faux-mage » : mélanger la purée d'amande avec la purée de sésame, la levure maltée et le miso dans le bol d'un mixeur. Dans une petite casserole, mélanger 150 ml d'eau avec l'agar-agar, puis faire bouillir 30 secondes. Verser dans le bol du mixeur, sur les autres ingrédients, et mixer jusqu'à l'obtention d'un mélange bien homogène. Verser dans un récipient huilé de type Tupperware (carré ou rectangulaire, d'environ 14 cm de côté), laisser refroidir puis placer au réfrigérateur.

Le jour même, préparer les naans : mélanger la farine avec le sel et la poudre à lever. Ajouter l'huile d'olive et le yaourt de soja, puis pétrir avec un peu d'eau tiède (25 ml environ) afin d'obtenir une boule de pâte souple et non collante. Laisser reposer pendant 2 heures à température ambiante.

Diviser la boule de pâte en quatre. Étaler finement les pâtons avec un rouleau à pâtisserie, déposer au centre une part de « faux-mage », puis refermer comme des chaussons, bien souder les bords et aplatir délicatement du plat de la main.

Faire dorer 1 minute sur chaque face, dans une poêle très chaude sans matières grasses, puis laisser encore quelques minutes sur feu doux, jusqu'à ce que la pâte soit bien cuite. Servir immédiatement.

Variante

Si vous n'avez pas de miso blanc, vous pouvez le remplacer par du miso brun, mais son goût est plus corsé : n'en mettez que 1 cuillerée à café s'il est trop fort pour vous !

Recyclage

S'il vous reste du « faux-mage », amusez-vous à le tester dans des sandwichs, sur un gratin de légumes ou dans un croque-monsieur végétal avec du tofu fumé.

CRÊPES DE MAÏS

ET COULIS DE POIVRONS ROUGES

Il y a comme un petit air mexicain dans ces crêpes colorées au maïs et aux poivrons rouges… Un excellent prétexte pour en faire des versions miniatures et réunir tout le monde autour d'un apéro tacos !

POUR 4 CRÊPES ENVIRON

Pour les crêpes

- 150 g de farine de maïs
- 1 c. à café de sel
- 2 œufs
- 250 ml de lait de soja

Pour le coulis

- 2 poivrons rouges
- 2 c. à soupe de purée de noix de cajou
- Sel, poivre

Faire cuire les poivrons 15 minutes environ sous le gril du four, en les retournant régulièrement, jusqu'à ce que toutes leurs faces soient grillées et légèrement cloquées. Les enfermer dans un sac plastique pendant 20 minutes.

Pendant ce temps, préparer les crêpes : mélanger la farine et le sel, puis incorporer les œufs. Délayer petit à petit avec le lait. Faire cuire des louchées de pâte quelques minutes sur chaque face dans un peu d'huile d'olive.

Ôter les poivrons du sac, jeter la peau et les pépins. Mixer avec la purée de noix de cajou, saler et poivrer.

Servir les crêpes accompagnées du coulis de poivrons et d'un peu de fromage de chèvre, ou en faire de petits rouleaux à tremper dans le coulis.

Recyclage

Trop de coulis ? Recyclez-le sur un fond de pâte à pizza, dans des pâtes ou un risotto, en petit moelleux avec de la farine et des œufs…

CRÊPES DE POIS CHICHE, ANIS VERT ET ZESTE D'ORANGE

Ce qui est bien avec la farine de pois chiche, c'est qu'elle se débrouille très bien toute seule, avec juste un peu d'eau et une touche de fécule. Il ne reste plus qu'à la garnir d'épices et de petites graines au choix, pour un délicieux repas sur le pouce. Mon association préférée : anis vert et zeste d'orange.

POUR 2 CRÊPES

- 100 g de farine de pois chiche
- 1 c. à café rase de sel
- 2 c. à soupe d'arrow-root ou de fécule de maïs
- 1 c. à café de graines d'anis vert
- Le zeste de 1 orange

Mélanger la farine avec le sel et l'arrow-root. Ajouter 250 ml d'eau petit à petit, tout en mélangeant, afin d'obtenir une pâte bien homogène.

Faire griller les graines d'anis vert dans une poêle sans matières grasses pendant quelques instants, jusqu'à ce que leur parfum se dégage. Les ajouter à la pâte, ainsi que le zeste d'orange découpé finement. Laisser reposer 30 minutes, puis bien mélanger.

Verser 1 grosse louchée de pâte dans une poêle chaude et bien huilée, baisser le feu et laisser cuire pendant quelques minutes, jusqu'à ce que la crêpe se détache facilement. Retourner et laisser cuire encore quelques instants. La crêpe est cuite lorsque les bords sont légèrement croustillants et les deux faces joliment dorées. Renouveler l'opération avec le reste de la pâte.

Suggestion d'accompagnement : crème de sésame à l'orange

Mélangez 1 cuillerée à soupe de purée de sésame (tahin) avec 1 cuillerée à soupe de jus d'orange et 1 cuillerée à café de jus de citron. Ajoutez une bonne cuillerée de coriandre ciselée et tartinez les crêpes.

À savoir

La farine de pois chiche est non seulement riche en fibres, en vitamines et en oligoéléments, mais c'est également une excellente source de folates (vitamine B9), primordiaux pour le développement du fœtus. À consommer sans compter pendant la grossesse !

CRÊPES AUX TAGLIATELLES DE CAROTTE ET À LA CRÈME DE CACAHUÈTE

Ces jolies crêpes complètes allient le croquant des carottes juste cuites à l'onctuosité de la crème de cacahuète et à la fraîcheur de la coriandre. Ne vous privez pas d'en refaire à volonté : le lait de soja et la farine de riz les rendent particulièrement légères et digestes !

POUR 2 CRÊPES

Pour les crêpes

- 100 g de farine de riz semi-complet
- 1 c. à café de sel
- 1 œuf
- 200 ml de lait de soja

Pour la crème de cacahuète

- 1 c. à soupe de purée de cacahuète (non sucrée, non salée)
- 2 c. à soupe de crème de soja

Pour la garniture

- 200 g de carottes
- 2 c. à café d'huile d'olive
- 1 c. à soupe de coriandre fraîche ciselée
- Sel, poivre

Préparer la pâte à crêpes : mélanger la farine et le sel, puis incorporer l'œuf. Ajouter le lait petit à petit, tout en mélangeant. Réserver.

Préparer la crème de cacahuète : mélanger la purée de cacahuète avec la crème de soja. Réserver.

Éplucher les carottes, puis les détailler en tagliatelles avec un épluche-légumes ou une mandoline. Les mettre dans une casserole avec 2 cuillerées à soupe d'eau, couvrir et laisser cuire 3 minutes à feu doux, afin de les attendrir. Égoutter, mélanger avec l'huile d'olive, saler, poivrer et réserver au chaud.

Faire revenir 1 belle louchée de pâte à crêpes dans un peu d'huile d'olive. Lorsqu'elle commence à prendre, répartir la moitié de la crème de cacahuète, puis des carottes et de la coriandre, et replier. Laisser cuire encore quelques instants, puis répéter l'opération avec la seconde moitié des ingrédients.

Petit plus

Parfumez la pâte avec 1 cuillerée à café de cumin en poudre et parsemez les carottes d'éclats de cacahuètes avant de refermer votre crêpe.

Variante

En été, remplacez les carottes par des tagliatelles de courgette, la purée de cacahuète par de la purée de sésame ou de noix de cajou, et parsemez le tout d'herbes fraîches ainsi que de graines de tournesol.

CRÊPES DE SARRASIN
ET POÊLÉE DE CHAMPIGNONS

Dans ces grosses crêpes moelleuses et réconfortantes, la saveur du sarrasin fraîchement moulu se marie à merveille avec celle des champignons et du seitan, une « viande » végétale au petit goût… de champignon.

POUR 2 CRÊPES

Pour les crêpes

- 100 g de sarrasin non grillé
- 1 c. à café de sel
- 2 c. à soupe d'huile d'olive

Pour la poêlée

- 300 g de champignons de Paris
- 200 g de seitan
- 1 gousse d'ail
- 1 c. à soupe d'huile d'olive
- 1 petite c. à soupe de purée d'amande blanche
- 1 c. à soupe de tamari (sauce soja)
- 100 ml de crème d'avoine ou de soja

Préparer la poêlée : laver les champignons, jeter les pieds terreux et couper les plus gros en deux. Découper le seitan en morceaux de la taille de bouchées. Émincer la gousse d'ail. Faire chauffer l'huile d'olive dans une grande poêle, y faire dorer le seitan pendant 2 minutes, puis ajouter l'ail et les champignons. Baisser le feu et laisser cuire 20 minutes environ, en remuant de temps en temps, jusqu'à ce que toute l'eau des champignons se soit évaporée. Ajouter la purée d'amande et le tamari, mélanger, puis ajouter la crème d'avoine et laisser mijoter encore 5 minutes à feu doux. Réserver au chaud.

Préparer la pâte à crêpes : torréfier le sarrasin dans une poêle sans matières grasses pendant 2 petites minutes, en remuant régulièrement. Le moudre finement dans un petit mixeur ou un moulin à café électrique. Ajouter le sel, l'huile d'olive et 200 ml d'eau, et mixer à nouveau. Faire cuire les crêpes quelques minutes dans une poêle légèrement huilée, en les retournant lorsqu'elles se détachent facilement. Les garnir de poêlée, refermer et servir immédiatement.

À savoir

Pourquoi moudre soi-même son sarrasin ? Pour la saveur unique et subtile des grains fraîchement torréfiés, pour les nutriments (plus nombreux dans une farine « vivante » et non oxydée par le temps), et pour la texture si particulière de la mouture, qui se « lie » naturellement au liquide avec lequel elle est mélangée. Choisissez bien du sarrasin cru et non du kasha, déjà grillé !

Astuce

Vous pouvez bien sûr préparer votre poêlée de champignons au seitan à l'avance : les plats mijotés sont souvent meilleurs réchauffés. Pour éviter qu'elle ne s'assèche, ajoutez-lui 1 ou 2 cuillerées à soupe de crème végétale avant de la réchauffer quelques minutes à feu doux dans une petite casserole.

BLINIS DE SOJA VERT ET GUACAMOLE

Pas de lait, pas d'œufs, pas de farine… Il n'y a presque rien dans ces blinis, sauf l'essentiel : l'irrésistible parfum de la coriandre fraîche et les précieuses protéines complètes du soja vert. Un régal avec de la crème d'avocat, mais aussi avec du chèvre frais ou du caviar d'aubergine.

POUR UNE DOUZAINE DE BLINIS

Pour les blinis

- 100 g de graines de soja vert
- 1 petit bouquet de coriandre
- 1 c. à soupe d'huile d'olive
- 1 c. à café de jus de citron vert
- 1 pincée de sel

Pour le guacamole

- 1 gros avocat
- 2 c. à café de jus de citron
- 1 c. à café de miso blanc
- 1 pincée de sel

La veille ou 10 heures à l'avance, mettre le soja dans un grand verre et le couvrir largement d'eau froide, afin d'amorcer sa germination.
Le jour même, rincer le soja puis le mixer avec le reste des ingrédients des blinis. Ajouter 180 ml d'eau et mixer à nouveau, jusqu'à l'obtention d'une crème homogène.
Déposer de petites louchées de pâte dans une poêle bien chaude et légèrement huilée. Laisser cuire 2 minutes environ, jusqu'à l'apparition de petits trous à la surface, puis retourner les blinis et laisser cuire encore 1 petite minute à feu doux.
Préparer le guacamole : écraser ou mixer la chair de l'avocat, puis la mélanger avec le jus de citron, le miso blanc et le sel.
Servir les blinis tièdes ou froids, avec le guacamole.

Variante

Vous pouvez remplacer l'huile d'olive par de l'huile d'avocat, agréablement parfumée et relativement stable à la cuisson.

À savoir

• Le soja vert ou haricot mungo, à ne pas confondre avec son cousin le soja jaune (avec lequel on fabrique le tofu et le lait de soja), est une mine de vitamines et de protéines, surtout lorsqu'il est germé, ce qui améliore également sa digestibilité.

• Grâce à sa forte teneur en riz et à sa phase de fermentation plus courte que celle des misos « traditionnels », composés majoritairement de pâte de soja, le miso blanc a une saveur si douce que certains le dégustent comme de la pâte à tartiner ! Il est très riche en vitamines et en enzymes digestives.

CRÊPES « CALZONE »

À LA FONDUE D'OIGNONS ROUGES ET AU COMTÉ

Le problème avec les crêpes, c'est que le cuisinier n'est pas très disponible. Sur le même principe que la pizza du même nom, ces crêpes « calzone » sont garnies de légumes et de fromage, puis refermées délicatement avant de finir leur cuisson au four. Vous pouvez même les préparer à l'avance !

POUR 2 CRÊPES

Pour les crêpes

- 100 g de farine de blé T80
- 1/2 c. à café de sel
- 1 c. à café de thym séché
- 1 œuf
- 200 ml de lait de vache

Pour la garniture

- 2 gros oignons rouges
- 1 c. à soupe d'huile d'olive
- 1/2 c. à soupe de miel
- 75 g de comté râpé
- Sel, poivre

Préparer la fondue d'oignons : émincer les oignons, puis les faire blondir 5 minutes dans l'huile d'olive. Ajouter le miel et laisser cuire encore une petite dizaine de minutes à feu très doux, en remuant régulièrement, jusqu'à ce que les oignons soient tendres, à peine croquants. Saler, poivrer et réserver au chaud.
Préchauffer le four à 180 °C (th. 6).
Préparer la pâte à crêpes : mélanger la farine avec le sel et le thym. Ajouter l'œuf, puis le lait progressivement, tout en mélangeant. Faire chauffer un peu d'huile d'olive dans une poêle à crêpes et y déposer 1 louchée de pâte. Lorsque la surface de la crêpe commence à prendre, en recouvrir la moitié de fondue d'oignons et de fromage râpé, puis rabattre l'autre moitié. Faire glisser délicatement sur la plaque du four chemisée de papier sulfurisé et recommencer avec le reste des ingrédients.
Enfourner et faire cuire environ 10 minutes, jusqu'à ce que les crêpes soient bien dorées et le fromage fondu.

Variantes

Garnissez votre « calzone » avec ce qui vous passe sous la main !

- Traditionnelle : tomate, mozzarella, jambon et 1 œuf.
- Estivale : aubergines sautées à l'ail, coriandre et chèvre frais.
- Sans lactose : remplacez le fromage par du tofu sauté avec des épices ou des herbes fraîches, et le lait de vache par du lait de soja.
- Sucrée : remplacez le sel et le thym par du cacao en poudre, et garnissez votre crêpe de fruits frais ainsi que de crème végétale à la purée d'oléagineux.

LASAGNES DE CRÊPES CHÈVRE-ÉPINARDS

Dans cette recette, d'épaisses crêpes au curcuma viennent remplacer les plaques de pâte traditionnelles, pour des lasagnes irrésistiblement fondantes. N'hésitez pas à multiplier les couches : plus il y en a, meilleur c'est !

POUR 4 PERSONNES

Pour les crêpes

- 200 g de farine de petit épeautre
- 1 c. à café de sel
- 1 c. à café bombée de curcuma
- 2 œufs
- 2 c. à soupe d'huile d'olive
- 400 ml de lait de soja

Pour la garniture

- 2 c. à soupe d'huile d'olive
- 1 gousse d'ail
- 1 kg d'épinards frais ou surgelés
- 125 g de fromage de chèvre de type bûche
- 1 c. à soupe bombée de graines de sésame

Pour la béchamel

- 2 c. à soupe d'huile d'olive
- 3 c. à soupe de farine de petit épeautre
- 600 ml de lait de soja
- Sel, poivre

Préparer la pâte à crêpes : mélanger la farine avec le sel et le curcuma. Ajouter les œufs et l'huile, bien mélanger, puis délayer progressivement avec le lait de soja. Réserver. Faire chauffer 2 cuillerées à soupe d'huile d'olive dans une casserole, faire revenir l'ail émincé quelques instants, puis y jeter les épinards lavés et essorés. Les faire cuire quelques minutes, en mélangeant souvent, jusqu'à ce qu'ils soient bien tendres. Égoutter, saler, poivrer et réserver. Faire cuire la pâte à crêpes dans une poêle légèrement huilée, afin d'obtenir 5 à 6 crêpes bien épaisses (compter 1 bonne louchée de pâte par crêpe). Les découper en carrés de la taille d'un plat à gratin d'environ 20 cm de côté. Préparer la béchamel : faire chauffer l'huile d'olive dans une casserole, verser la farine en pluie, puis laisser le mélange s'assécher, tout en remuant, pendant 1 à 2 minutes. Verser le lait petit à petit, en mélangeant bien, puis laisser la béchamel épaissir (rajouter un peu de farine en pluie si le mélange peine à épaissir). Saler et poivrer. Huiler le fond d'un plat à gratin. Y déposer 1 crêpe carrée. Recouvrir d'épinards, de fines rondelles de chèvre, de sésame puis de béchamel. Recommencer jusqu'à épuisement des ingrédients, en terminant par une crêpe recouverte de béchamel et de graines de sésame. Faire cuire 20 minutes au four à 180 °C (th. 6).

Variante

Pour un goût de sésame plus prononcé, ajoutez 1 grosse cuillerée à soupe de purée de sésame blanc (tahin) dans votre béchamel en fin de cuisson.

Que faire avec les chutes de crêpes ?

Découpez-les en petits morceaux avant de les incorporer à la béchamel, ou bien tartinez-les de pesto, de tartare d'algues ou de la crème de votre choix avant d'en faire des petits rouleaux apéritifs.

CRÊPES SUCRÉES

CRÊPES BEURRE-SUCRE
AMÉLIORÉES

Dans cette version saine et gourmande de la plus célèbre des crêpes, le sucre blanc raffiné est remplacé par du sucre intégral riche en minéraux, et le beurre traditionnel par du bon beurre cru aux cristaux de sel, à dénicher au marché ou chez le fromager.

POUR 5 CRÊPES ENVIRON

- 80 g de farine de blé T80
- 20 g de farine de riz semi-complet
- 1 œuf
- 250 ml de lait d'amande
- 2 c. à soupe de sucre intégral
- 25 g de beurre cru salé (ou 2 c. à soupe de purée d'amande blanche)

Mélanger les farines et l'œuf. Ajouter le lait progressivement, tout en mélangeant, afin d'obtenir une pâte homogène.
Faire cuire les crêpes dans un peu d'huile d'olive. Les déposer sur une assiette, puis les recouvrir de sucre intégral et de petits morceaux de beurre cru salé. Déguster tiède.

Variante

Pour encore plus de moelleux, ajoutez 1/2 cuillerée à café de levure de boulanger déshydratée dans la pâte et laissez reposer 1 heure avant de faire cuire vos crêpes.

À savoir

Contrairement au beurre cuit, qui dégage des substances toxiques et est soupçonné d'être cancérigène, le beurre cru est très digeste et riche en vitamines. Vous pouvez toutefois le remplacer par de la purée d'amande blanche, ou par une crème à base de tofu soyeux ou de yaourt de brebis et d'épices au choix (cannelle, vanille...).

PANCAKES DE MUESLI

À LA POMME FRAÎCHE ET AUX FRUITS SECS

« La » recette du petit déjeuner : des pancakes fondants aux flocons d'avoine, à la pomme fraîche, aux figues et aux éclats de noix croquants. À personnaliser avec ce que vous avez dans vos placards et à glisser dans votre sac ou le cartable des enfants !

POUR UNE QUINZAINE DE PANCAKES

- 150 g de farine de blé T80
- 80 g de flocons d'avoine
- 50 g de figues séchées
- 25 g de noix
- 40 g de purée d'amande blanche
- 20 ml d'huile d'olive
- 1 c. à soupe de mélasse
- 1 œuf
- 1 grosse pomme
- 250 ml de lait d'avoine

Mélanger la farine avec les flocons d'avoine, les figues découpées en petits morceaux et les noix concassées.
Faire fondre la purée d'amande avec l'huile d'olive à feu très doux, ajouter la mélasse et bien mélanger.
Verser sur le mélange sec, ainsi que l'œuf battu et la pomme râpée à l'aide d'une mandoline ou d'une râpe à gros trous. Bien mélanger, puis délayer progressivement avec le lait.
Laisser reposer 30 minutes environ, afin que les flocons absorbent le lait, puis bien mélanger.
Déposer de petites louchées de pâte dans une poêle bien chaude et légèrement huilée. Baisser le feu et laisser cuire 2 à 3 minutes, jusqu'à ce que les pancakes se détachent tout seuls de la poêle, puis les retourner et laisser cuire encore 2 minutes à feu doux.
Déguster tiède, ou conserver dans du film alimentaire, au réfrigérateur, pendant 3 jours maximum.

Variantes

- Ajoutez dans la pâte des pépites de chocolat, de la cannelle ou de la vanille.
- Remplacez la purée d'amande blanche par de la purée de noisette ou de cacahuète, la mélasse par du miel, du sucre intégral ou du sirop de pomme.
- Variez les farines (sarrasin, petit épeautre...) et les flocons (quinoa, azuki, mélanges tout prêts...).
- D'autres associations : abricots secs et pistaches, noisettes et bananes séchées, amandes et raisins secs...

CRÊPES AU SIROP D'ÉRABLE

ET À L'HUILE ESSENTIELLE DE MANDARINE

Ces crêpes sont si parfumées que vous n'aurez sans doute pas envie de les garnir ! Ou alors, rien qu'avec une petite cuillerée de purée d'amande blanche…

POUR 3 À 4 CRÊPES

- 200 ml de lait d'amande
- 30 ml de sirop d'érable
- 2 gouttes d'huile essentielle de mandarine
- 60 g de farine de riz
- 40 g d'arrow-root
- 1 œuf

Faire tiédir le lait à feu doux. Ôter du feu, puis ajouter le sirop d'érable et l'huile essentielle. Bien mélanger.
Dans un saladier, mélanger la farine et l'arrow-root, puis faire un puits et verser l'œuf ainsi qu'un peu de lait parfumé. Bien mélanger, puis délayer petit à petit avec le reste du lait, tout en remuant énergiquement.
Faire cuire les crêpes dans une poêle bien chaude et légèrement huilée.

Variante

Amusez-vous avec les huiles essentielles ! Huile essentielle de menthe et poudre de cacao, huile essentielle de basilic et garniture tomate-mozza, huile essentielle de géranium et framboises fraîches... Dosez-les avec parcimonie : 1 ou 2 gouttes suffisent souvent à parfumer tout un plat.

À savoir

Les huiles essentielles sont déconseillées aux femmes enceintes et aux jeunes enfants. Dans ce cas, remplacez l'huile essentielle de mandarine par du zeste d'agrume, ou par des eaux florales, plus légères en goût mais moins riches en principes actifs.

CRÊPES AU LAIT D'AMANDE

ET CRÈME DE POIRES AU GINGEMBRE CONFIT

Des crêpes gourmandes au délicat parfum d'amande et de gingembre, à savourer dès l'automne pour profiter des premières poires…

POUR 4 CRÊPES

Pour les crêpes

- 120 g de farine de riz semi-complet
- 1 c. à soupe de sucre de canne blond
- 1/2 c. à café rase de gingembre en poudre (facultatif)
- 1 œuf
- 300 ml de lait d'amande

Pour la crème de poires au gingembre

- 2 poires bien mûres
- 2 c. à café de sirop d'agave
- Le jus de 1/2 citron
- 1 c. à soupe de purée d'amande blanche
- 15 g de gingembre confit

Préparer les crêpes : mélanger la farine avec le sucre et éventuellement le gingembre en poudre, puis incorporer l'œuf. Délayer petit à petit avec le lait.

Faire cuire les crêpes dans une poêle légèrement huilée.

Éplucher les poires, puis les mixer finement avec le sirop d'agave, le jus de citron et la purée d'amande blanche. Ajouter le gingembre confit découpé en petits morceaux et mélanger.

Servir les crêpes tièdes ou froides, avec la crème présentée à part.

Variantes

Si vous n'aimez pas le gingembre, remplacez-le par de petits éclats de noisettes, d'amandes ou de caramel, ou par un peu de chocolat fondu…

CRÊPES AUX MYRTILLES

ET AUX GRAINES DE PAVOT BLEU

De jolies crêpes toutes bleues, garnies de myrtilles fondantes et de petites graines de pavot croquantes, à déguster avec un peu de purée d'amande et un voile de sucre de canne.

POUR 6 CRÊPES ENVIRON

- 150 g de farine de blé T80
- 40 g de fécule de maïs
- 4 c. à soupe de sucre de canne blond
- 1/2 sachet de poudre à lever
- 40 ml d'huile d'olive
- 200 ml de lait d'amande
- 125 g de myrtilles fraîches ou surgelées
- 2 c. à soupe de graines de pavot bleu

Mélanger la farine avec la fécule, 3 cuillerées à soupe de sucre, la poudre à lever et l'huile d'olive.
Délayer petit à petit avec le lait d'amande, puis avec 175 ml d'eau. Ajouter les myrtilles lavées et égouttées, bien mélanger.
Verser de grosses louchées de pâte dans une poêle huilée bien chaude, parsemer de graines de pavot et laisser cuire 1 à 2 minutes, puis retourner délicatement et laisser cuire encore 1 petite minute, à feu doux. Déposer sur une assiette et saupoudrer du reste du sucre. Servir les crêpes tièdes, recouvertes d'une fine couche de purée d'amande blanche.

Variante

Pour donner une note insolite à vos crêpes et faire ressortir le goût des myrtilles, ajoutez 2 gouttes d'huile essentielle de géranium dans la pâte.

À savoir

- L'utilisation de fécule et de poudre à lever permet non seulement de se passer d'œufs, mais aussi d'obtenir une pâte étonnamment moelleuse et légère.

- La présence de fruits frais rend cette pâte un peu collante et fragile : attention au retournement des crêpes ! Si l'opération vous fait peur, aidez-vous d'une spatule, ou repliez les crêpes en portefeuille directement dans la poêle et faites-les cuire un peu plus longtemps à feu doux.

CRÊPES AUX FLEURS DE LAVANDE

ET POÊLÉE DE PÊCHES AU MIEL

Estivales et raffinées avec leurs jolies fleurs de lavande séchées, ces crêpes sont le dessert idéal des dîners d'été. À servir avec une belle boule de glace à la vanille !

POUR 4 OU 5 CRÊPES

Pour les crêpes

- 75 g de farine de riz semi-complet
- 75 g de farine de maïs
- 2 c. à soupe de sucre de canne blond
- 2 c. à café rases de fleurs de lavande séchées
- 2 œufs
- 200 ml de lait d'amande

Pour la poêlée de pêches

- 4 pêches bien mûres
- 1 c. à soupe de miel liquide
- 1 c. à soupe de purée d'amande blanche

Préparer les crêpes : mélanger les farines avec le sucre et les fleurs de lavande, puis incorporer les œufs. Délayer petit à petit avec le lait et 100 ml d'eau.
Faire cuire les crêpes sur les deux faces, dans une poêle légèrement huilée.
Laver les pêches, les dénoyauter et les découper en quatre. Les mettre dans une petite poêle, avec le miel, et faire revenir 3 minutes à feu vif, puis ajouter la purée d'amande et bien mélanger. Servir les crêpes avec un peu de poêlée de pêches tiède et une boule de glace au choix.

Suggestion d'accompagnement : glace express à la fleur d'oranger

Mixez 2 yaourts de brebis (à la grecque si possible) avec 200 g de tofu soyeux, 3 cuillerées à soupe de miel et 1 petite cuillerée à soupe d'eau de fleur d'oranger. Laissez refroidir au réfrigérateur puis faites prendre en sorbetière, ou placez au congélateur et laissez prendre 4 heures minimum, en remuant de temps en temps.

À savoir

La lavande accompagne très bien les fruits d'été : glissez-en quelques pincées dans une soupe de melon à la menthe glacée, ou bien dans la pâte d'une tarte ou d'un crumble aux abricots. Testez-la aussi en hiver, avec de la mangue !

CRÊPES À LA FARINE DE CHÂTAIGNE

ET COMPOTÉE DE COINGS AUX ÉPICES DOUCES

De véritables crêpes d'automne, moelleuses et très parfumées.
À refaire tout l'hiver, en remplaçant les coings par des pommes et des poires !

POUR UNE PETITE DIZAINE DE CRÊPES

Pour les crêpes

- 150 g de farine de châtaigne
- 100 g de farine de petit épeautre
- 2 c. à soupe de sucre intégral
- 500 ml de lait d'avoine
- 50 ml d'huile d'olive

Pour la compotée de coings

- 2 coings de taille moyenne
- 70 g de sucre intégral
- 1 c. à café rase de cannelle en poudre
- 1 c. à café rase de gingembre en poudre
- Le jus de 1 citron

Préparer la pâte : mélanger les farines et le sucre. Délayer petit à petit avec le lait d'avoine, puis avec 100 ml d'eau. Terminer par l'huile d'olive. Réserver.
Préparer la compotée de coings : éplucher les coings puis les découper en gros morceaux, en jetant la partie dure et les pépins. Faire cuire dans de l'eau bouillante pendant 10 minutes, égoutter et découper en petits morceaux. Remettre dans la casserole ou dans une sauteuse, avec le sucre, les épices, le jus de citron et 4 cuillerées à soupe d'eau. Laisser mijoter 20 minutes à feu doux, en mélangeant de temps en temps.
Faire cuire les crêpes dans un peu d'huile d'olive et servir avec la compotée de coings.

À savoir

Le sucre intégral est une bonne source de minéraux, puisqu'il n'a subi ni transformation ni raffinage. Il en existe différentes sortes, avec des saveurs étonnantes d'épices et de réglisse. Mon préféré : le muscovado, à la texture humide et au petit goût de mélasse et de caramel. À tester dans le café !

CRÊPES COCO
ET CARAMEL D'AGAVE À LA MANGUE

Ces petites crêpes à la saveur exotique et à l'étonnante texture moelleuse et croustillante sont une invitation au voyage. Amusez-vous à inventer votre propre caramel d'agave : il n'est pas bien méchant avec son faible indice glycémique.

POUR UNE DIZAINE DE PETITES CRÊPES

Pour les crêpes

- Le zeste de 1/2 citron vert
- 1 c. à soupe de sucre de canne blond
- 100 g de farine de riz semi-complet
- 1 œuf
- 150 ml de lait de coco
- 150 ml de lait de riz
- 2 c. à soupe de noix de coco râpée

Pour le caramel d'agave à la mangue

- 1 mangue
- 50 g de sirop d'agave

Préparer la pâte à crêpes : mixer finement le zeste de citron vert avec le sucre. Mélanger avec la farine, puis incorporer l'œuf. Délayer progressivement avec le lait de coco, puis le lait de riz, tout en fouettant vivement.

Préparer le caramel : mixer finement la mangue afin de la réduire en coulis. Verser le sirop d'agave dans une casserole et faire cuire 2 à 3 minutes à feu moyen, jusqu'à ce qu'il prenne une jolie couleur dorée. Verser sur le coulis de mangue, mixer, puis réserver au réfrigérateur.

Dans une poêle chaude et bien huilée, faire cuire de petites louchées de pâte de la taille de gros blinis, jusqu'à ce que les bords commencent à brunir et que les crêpes se détachent facilement. Retourner délicatement avec une spatule souple et laisser cuire quelques secondes sur l'autre face.

Laisser refroidir, napper de caramel d'agave à la mangue et parsemer de noix de coco râpée.

Variantes

En été, remplacez la mangue par des framboises ou des abricots.

À savoir

La consistance du lait de coco varie d'une marque à l'autre. N'hésitez pas à modifier la quantité de lait de riz pour obtenir une pâte légèrement plus épaisse que celle des crêpes classiques.

CRÊPES « MILLE TROUS » À LA FLEUR D'ORANGER

Ces petites crêpes pleines de trous, que l'on croise partout au Maroc et en Algérie, se dégustent traditionnellement nappées de beurre et de miel. Mais libre à vous de les garnir de purée d'amande blanche, de sirop d'agave ou de votre confiture préférée !

POUR UNE DOUZAINE DE PETITES CRÊPES

- 1 c. à café de sucre de canne blond
- 1 c. à café bombée de levure déshydratée
- 200 g de semoule de blé ultrafine (blanche ou complète)
- 1 petite c. à café de sel
- 2 c. à soupe d'eau de fleur d'oranger

Faire tiédir 300 ml d'eau dans une casserole.
Dans un petit bol, verser le sucre et la levure, puis 50 ml d'eau tiède, sans mélanger. Couvrir et laisser reposer environ 20 minutes dans une pièce chaude ou sur un radiateur, jusqu'à ce que la préparation gonfle et mousse.
Mélanger la semoule et le sel. Ajouter le reste de l'eau tiède, ainsi que l'eau de fleur d'oranger et le mélange mousseux. Mixer pendant 2 à 3 minutes afin de bien aérer la préparation.
Verser de petites louchées de pâte dans une poêle à crêpes ou à blinis bien chaude et légèrement huilée. Baisser le feu et laisser cuire quelques minutes, jusqu'à ce que la surface soit prise et couverte de petits trous. Ne pas retourner. Déposer sur un grand plat ou un linge propre, en évitant que les crêpes se chevauchent.

Variantes

Il existe de nombreuses eaux florales. N'hésitez pas à remplacer la fleur d'oranger par de la mélisse, du géranium, de la rose ou de la lavande...

À savoir

Ces petites crêpes peuvent se conserver 2 jours dans un torchon propre au réfrigérateur, mais elles ont tendance à durcir et sont meilleures le jour même.

PANCAKES AU SON D'AVOINE,

FRAMBOISES FRAÎCHES ET CRÈME D'AMANDE CITRONNÉE

Une version saine et irréprochable des fameux pancakes américains, à base de son d'avoine (qui réduit l'absorption des sucres et des graisses), de tofu soyeux (riche en protéines complètes) et de sirop d'agave au faible indice glycémique.

POUR UNE DIZAINE DE PANCAKES

Pour les pancakes

- 50 g de farine de petit épeautre
- 80 g de son d'avoine
- 120 g de tofu soyeux
- 1 c. à soupe de sirop d'agave
- 2 c. à soupe d'huile d'olive
- 130 ml de lait d'avoine

Pour la garniture

- 1 c. à soupe de purée d'amande blanche
- Le jus de 1/2 citron
- 1 c. à café de sirop d'agave
- 200 g de framboises fraîches

Préparer les pancakes : mélanger la farine et le son d'avoine. Mixer le tofu soyeux avec le sirop d'agave et l'huile d'olive, puis ajouter au mélange sec. Bien brasser, puis ajouter le lait petit à petit, jusqu'à l'obtention d'une pâte à crêpes épaisse.
Faire chauffer une poêle légèrement huilée, y déposer de petites louchées de pâte, baisser le feu et laisser cuire quelques minutes sur chaque face, jusqu'à ce que les pancakes soient bien dorés.
Préparer la crème d'amande citronnée : mélanger la purée d'amande blanche avec le jus de citron et le sirop d'agave. Délayer avec 1 à 2 cuillerées à café d'eau afin d'obtenir la consistance souhaitée. Servir les pancakes avec les framboises fraîches et la crème d'amande citronnée.

Variantes

Ces petits pancakes moelleux et charnus ressemblent presque à des cookies : un excellent prétexte pour les truffer de flocons de céréales, de raisins secs, d'éclats de noisettes ou de petites pépites de chocolat !

Garnitures au fil des saisons

- En automne : poêlée de mirabelles au miel et à la purée d'amande blanche.
- En hiver : pommes ou poires en petits cubes et purée d'amande complète.
- Au printemps : compote de rhubarbe au sucre intégral.

BLINIS
BANANE-CACAHUÈTE

Dans ces blinis dodus au parfum de cacahuète, le sucre intégral apporte son petit goût caramélisé et la polenta sa jolie couleur dorée ainsi que son incroyable texture croustifondante. Une excellente façon de recycler quelques bananes trop mûres !

POUR UNE DIZAINE DE BLINIS

- 2 ou 3 bananes (200 g de chair environ)
- 150 ml de lait d'avoine
- 1 c. à soupe de sucre intégral
- 1 pincée de sel
- 50 g de purée de cacahuète
- 50 g de polenta instantanée
- 20 g de fécule de maïs

Mixer les bananes avec le lait d'avoine, le sucre intégral, le sel et la purée de cacahuète. Verser dans un récipient et ajouter la polenta, puis la fécule en pluie, tout en mélangeant. Laisser reposer 30 minutes.

Faire chauffer un peu d'huile d'olive dans une poêle à crêpes ou à blinis. Y déposer de petits tas de pâte, baisser le feu et laisser cuire 2 à 3 minutes sur chaque face, jusqu'à ce que les blinis soient bien dorés et légèrement gonflés.

Variantes

- Avec du sirop d'érable à la place du sucre intégral.
- Avec 1 cuillerée à café de rhum et des raisins secs.
- Avec des pépites de chocolat et de la purée d'amande ou de noisette à la place de la purée de cacahuète.

CRÊPES
DE FÊTE

APÉRO CRÊPES,

CRÈME CHÂTAIGNES ET ROQUEFORT

De petits rouleaux de crêpes moelleuses et légères, fourrés d'une crème épaisse et riche en goût aux châtaignes et au roquefort. Pour un apéro vin rouge plutôt que champagne !

POUR UNE QUARANTAINE DE BOUCHÉES

Pour les crêpes

- 50 g de farine de petit épeautre
- 50 g de farine de riz semi-complet
- 40 g de fécule de pomme de terre
- 1 c. à café rase de sel
- 2 c. à soupe d'huile d'olive

Pour la crème de châtaignes au roquefort

- 200 g de châtaignes cuites et épluchées (fraîches ou en bocal)
- 100 g de roquefort
- 100 g de tofu soyeux
- Sel, poivre

Préparer la crème : mixer finement les châtaignes avec le roquefort et le tofu soyeux. Saler, poivrer. Réserver à température ambiante.

Préparer les crêpes : mélanger les farines avec la fécule et le sel, puis incorporer l'huile d'olive. Délayer petit à petit avec 250 ml d'eau. Faire cuire dans une poêle chaude et légèrement huilée.

Recouvrir les crêpes d'une fine couche de crème, les enrouler et les découper en petits rouleaux de 1 à 2 cm d'épaisseur. Maintenir avec de petites piques en bois.

Variantes

D'autres idées de garniture au fromage : chèvre, figues séchées et noix ; poires et comté râpé (passez-les pour quelques minutes au four) ; poivrons rouges et feta ; fines herbes et chèvre frais...

À savoir

Vous pouvez préparer votre crème de châtaignes à l'avance. Dans ce cas, sortez-la du réfrigérateur 30 minutes avant de l'étaler sur vos crêpes, afin qu'elle se ramollisse un peu et qu'elle ne risque pas de les déchirer.

BLINIS DE LA MER
AUX ALGUES ET AU ZESTE DE CITRON

De délicieux petits blinis au parfum d'iode et de citron…
À servir avec des fruits de mer ou du saumon fumé, pour faire le plein de minéraux et changer des traditionnelles tartines beurrées.

POUR 6 À 8 BLINIS

- 80 g de farine de blé T80
- 1 sachet de poudre à lever
- 150 g de yaourt de soja
- 2 c. à soupe d'huile d'olive
- 1/2 c. à café de sel
- 2 c. à café d'algues séchées en paillettes
- Le zeste de 1 citron

Mélanger la farine avec la poudre à lever, puis incorporer le yaourt et l'huile d'olive. Ajouter le sel, les algues séchées et le zeste de citron. Laisser reposer 1 heure au réfrigérateur.
Déposer de petits tas de pâte dans une poêle bien chaude et enduite d'un peu d'huile d'olive. Les aplatir légèrement, baisser le feu et laisser cuire quelques minutes sur chaque face, jusqu'à ce que les blinis soient légèrement dorés et cuits à cœur (en ouvrir un pour vérifier).
Ces blinis sont aussi bons tièdes que froids et peuvent se conserver quelques jours dans un torchon propre, en bas du réfrigérateur.

Variante

Pour des blinis aériens et encore plus moelleux, remplacez le yaourt de soja par du kéfir de lait et supprimez l'huile d'olive.

À savoir

Les mélanges en paillettes sont une façon toute simple de se familiariser avec les algues, de petites bombes nutritionnelles extraordinairement riches en vitamines et minéraux. Ajoutez-en dans vos pains ou vos pâtes à tartes, ou parsemez-en vos salades et vos plats de légumes !

PETITES AUMÔNIÈRES AUX PRUNEAUX

ET AUX « LARDONS » DE TOFU FUMÉ

Une variante légère et végétarienne des traditionnels pruneaux au lard, à servir en entrée avec une jolie salade verte.

POUR 6 AUMÔNIÈRES

Pour les crêpes

- 50 g de sarrasin non grillé
- 50 g de farine de petit épeautre
- 1 c. à café rase de sel
- 1 œuf
- 250 ml de lait de soja

Pour la garniture

- 10 pruneaux
- 100 g de tofu fumé
- 1 c. à soupe d'huile d'olive
- 1 petit oignon
- 2 c. à café de purée de noix de cajou
- 1 c. à soupe de crème végétale (avoine ou soja)
- 1 pincée de sel

Préparer la pâte à crêpes : torréfier le sarrasin pendant quelques instants dans une poêle sans matières grasses, puis le moudre finement à l'aide d'un petit mixeur ou d'un moulin à café électrique. Mélanger avec la farine, le sel puis l'œuf. Délayer petit à petit avec le lait de soja. Laisser reposer.

Ôter le noyau des pruneaux et découper la chair en petits morceaux. Les faire revenir pendant quelques instants dans une casserole, à couvert, avec 2 cuillerées à soupe d'eau, jusqu'à ce que celle-ci se soit complètement évaporée.

Découper le tofu en petits « lardons », puis les ajouter aux pruneaux, avec l'huile d'olive et l'oignon émincé. Faire revenir pendant 2 minutes, ajouter la purée de noix de cajou et la crème, et laisser cuire encore 30 secondes à feu très doux. Saler, couvrir et réserver.

Bien mélanger la pâte puis faire cuire de petites crêpes ($^1/_2$ louchée environ) dans une poêle huilée.

Déposer un peu de mélange aux pruneaux au centre de chaque crêpe, rabattre les bords et les attacher avec de la ficelle alimentaire. Servir les aumônières bien chaudes.

Variante

Pour une version sans gluten, remplacez la farine de petit épeautre par de la farine de riz. Attention, vos crêpes seront alors plus friables et donc plus difficiles à manipuler : faites-en des rouleaux, découpez-les et servez-les à l'apéritif !

CRÊPES D'HALLOWEEN

À LA COURGE BUTTERNUT ET À LA MIMOLETTE

De grosses crêpes jaune orangé, grâce à l'emploi du curcuma, de la farine de maïs, de la courge butternut et de la mimolette. Rassurez-vous : elles ne font pas peur aux enfants, bien au contraire !

POUR 2 CRÊPES

Pour les crêpes

- 60 g de farine de blé T80
- 40 g de farine de maïs
- 1/2 c. à café de sel
- 1 c. à café de curcuma
- 1 œuf
- 1 c. à soupe d'huile d'olive
- 200 ml de lait de soja

Pour la garniture

- 1 échalote
- 1 c. à soupe d'huile d'olive
- 400 g de courge butternut cuite et découpée en cubes
- 80 g de mimolette

Préparer la pâte à crêpes : mélanger les farines avec le sel et le curcuma. Ajouter l'œuf et l'huile d'olive, bien mélanger, puis délayer petit à petit avec le lait de soja, tout en remuant.

Faire blondir l'échalote émincée dans l'huile d'olive, puis y ajouter les cubes de butternut et laisser cuire quelques minutes, jusqu'à ce que les légumes soient bien chauds. Découper la mimolette en copeaux.

Verser la moitié de la pâte à crêpes dans une poêle chaude légèrement huilée, laisser cuire quelques minutes, jusqu'à ce que la surface commence à prendre, puis en recouvrir une moitié de légumes et de mimolette. Refermer la crêpe et laisser cuire encore 1 minute, à feu doux. Recommencer avec le reste des ingrédients.

À savoir

La courge butternut, au délicat parfum de noisette, a la forme d'une grosse cacahuète et se trouve très facilement, de l'automne à la fin de l'hiver, sur les marchés et en magasins bio. Vous pouvez la remplacer par une autre courge à la chair orangée : potimarron, potiron, courge musquée de Provence...

CRÊPES SOUFFLÉES
AUX POIRES ET À LA CHICORÉE

Saviez-vous que la chicorée est délicieuse en cuisine ? Dans ces crêpes très gourmandes, elle épouse le petit goût de caramel du sucre intégral pour relever la crème soufflée aux poires d'une chaleureuse saveur épicée.

POUR 2 CRÊPES

Pour les crêpes

- 50 g de farine de blé T80
- 1 c. à soupe de sucre intégral
- 1 c. à café bombée de chicorée soluble
- 1 œuf
- 100 ml de lait d'avoine

Pour la garniture

- 2 poires bien mûres
- 1 noisette de beurre
- 1 c. à soupe de sucre intégral
- 2 œufs (1 jaune + 2 blancs)
- 1 c. à soupe de sucre de canne blond
- 1 c. à soupe d'arrow-root (ou de fécule de maïs)
- 150 ml de lait d'avoine

Préparer les crêpes : mélanger la farine avec le sucre et la chicorée, puis incorporer l'œuf. Délayer petit à petit avec le lait d'avoine. Faire cuire les crêpes dans une poêle chaude et légèrement huilée. Réserver. Laver les poires et les découper en petits cubes. Les mettre dans une casserole, avec le beurre et le sucre intégral. Laisser caraméliser pendant 3 à 4 minutes, en remuant régulièrement. Préparer la crème : mélanger le jaune d'œuf avec le sucre de canne blond et l'arrow-root. Porter le lait à frémissements, puis en verser 2 cuillerées à soupe sur la préparation précédente. Bien mélanger et reverser le tout dans la casserole pour faire épaissir à feu doux tout en tournant. Laisser refroidir. Battre les blancs d'œufs en neige, puis les ajouter délicatement à la crème. Préchauffer le four à 210 °C (th. 7). Disposer sur chaque crêpe la moitié des poires, puis de la crème. Replier en chausson, placer dans un plat à gratin et enfourner dans le bas du four. Baisser la température à 170 °C (th. 5-6) et laisser cuire 15 minutes, afin que les soufflés soient bien gonflés. Servir immédiatement.

Variantes

- Maintenant que vous savez faire des crêpes soufflées, ne vous privez pas du plaisir de les tester avec toutes sortes de fruits et d'épices ! Quelques exemples : framboises fraîches et graines de pavot bleu ; poêlée de mirabelles au miel ou d'abricots aux fleurs de lavande... N'hésitez pas non plus à varier les laits et les sucres (blond, complet, sirop d'agave...) en fonction de la garniture choisie.
- Encore plus gourmand : parfumez votre crème avec de la vanille et truffez-la de petites pépites de chocolat et/ou d'éclats d'amandes...

Astuce

Pour ne pas passer l'heure du fromage dans votre cuisine, préparez les crêpes, la crème et les poires caramélisées juste avant le repas (les blancs d'œufs retombent vite), puis montez vos crêpes et faites-les cuire au dernier moment.

CRÊPES « AFTER EIGHT »

Des crêpes au cacao fourrées de crème à la menthe... Ça vous rappelle quelque chose ? Très fidèles à leur modèle d'un point de vue gustatif, ces crêpes en proposent une version 100 % naturelle, au beurre de cacao et à l'huile essentielle de menthe poivrée.

POUR 6 CRÊPES ENVIRON

Pour les crêpes

- 100 g de farine de blé T80
- 40 g de sucre de canne blond
- 15 g de cacao en poudre non sucré
- 2 œufs
- 150 ml de lait d'amande

Pour la crème à la menthe

- 1 œuf
- 50 g de sucre de canne blond
- 1 c. à soupe de fécule de maïs
- 200 ml de lait d'amande
- 1 c. à soupe de beurre de cacao
- 2 gouttes d'huile essentielle de menthe poivrée

Préparer la crème à la menthe : fouetter vivement l'œuf avec le sucre et la fécule de maïs. Porter le lait à ébullition, en verser une petite partie sur la préparation précédente, mélanger puis reverser dans la casserole et fouetter sur feu doux jusqu'à épaississement. Ôter du feu, ajouter le beurre de cacao en copeaux, puis l'huile essentielle de menthe, en mélangeant bien entre chaque ajout. Verser dans un petit récipient, laisser refroidir et placer au réfrigérateur.

Préparer la pâte à crêpes : mélanger la farine avec le sucre et le cacao en poudre. Ajouter les œufs battus, bien mélanger, puis délayer petit à petit avec le lait d'amande et 100 ml d'eau.

Faire cuire les crêpes, les recouvrir d'une fine couche de crème à la menthe puis les rouler avant de servir.

Variantes

- Si vous n'avez pas de beurre de cacao sous la main, remplacez-le par 10 g de beurre ou 1 cuillerée à soupe de purée d'amande ou de noix de cajou (la plus neutre en goût des purées d'oléagineux).

- Attention, les huiles essentielles sont déconseillées aux jeunes enfants et aux femmes enceintes. Vous pouvez remplacer celle-ci par un peu de sirop de menthe, en diminuant la quantité de sucre.

- Crème à la menthe express sans œufs : mélangez 2 cuillerées à soupe de purée d'amande blanche ou de noix de cajou avec 2 cuillerées à soupe de crème de riz liquide, 2 cuillerées à café de sirop d'agave et 1 goutte d'huile essentielle de menthe. Allongez avec un peu d'eau pour obtenir la consistance souhaitée.

CHEESE-(PAN)CAKE

AUX FRAISES ET À LA RICOTTA, PARFUM SPÉCULOOS

Des pancakes tout gonflés à la saveur épicée, cuits au four dans des ramequins, une couche de ricotta à la vanille, une jolie gelée de fraise : une excellente façon de fêter l'arrivée du printemps !

POUR 4 PERSONNES

Pour les pancakes

- 80 g de farine de blé T80
- 1 c. à soupe bombée de sucre de canne blond
- 1/2 sachet de poudre à lever
- 1 pincée de sel
- 1 c. à café d'épices à spéculoos
- 1 œuf
- 30 g de purée d'amande
- 1 c. à soupe d'huile d'olive
- 125 ml de lait de riz

Pour la garniture

- 200 g de ricotta
- 1 œuf
- 30 g de sucre de canne blond
- 1 c. à café d'arôme naturel de vanille liquide
- 150 g de petites fraises de type gariguettes
- 2 c. à café de sirop d'agave
- 1 petite c. à café rase d'agar-agar

Préchauffer le four à 200 °C (th. 6-7).

Préparer la pâte à pancakes : mélanger la farine avec le sucre, la poudre à lever, le sel et les épices. Ajouter l'œuf et bien mélanger. Faire fondre la purée d'amande avec l'huile d'olive dans une casserole sur feu très doux, tout en remuant afin d'obtenir une crème homogène. Ajouter le lait de riz, bien mélanger et incorporer petit à petit au mélange précédent. Répartir dans 4 ramequins et placer au four pour 10 minutes. Sortir les ramequins et baisser la température à 180 °C (th. 6). Mixer longuement la ricotta avec l'œuf, le sucre et la vanille. Verser dans les ramequins. Enfourner pour 15 minutes, puis baisser la température à 100 °C (th. 3-4) et faire cuire encore 30 minutes. Sortir du four et laisser tiédir. Préparer la gelée de fraise : mixer les fraises avec le sirop d'agave. Mélanger 50 ml d'eau avec l'agar-agar dans une petite casserole, faire bouillir 30 secondes, puis verser sur le coulis de fraises et mixer à nouveau. Répartir dans les ramequins. Laisser refroidir, puis placer au réfrigérateur pour 1 heure minimum. Servir bien frais.

Variantes

- Pour préparer vos propres épices à spéculoos, mélangez 3,5 cuillerées à soupe de cannelle en poudre avec 1 cuillerée à soupe de muscade râpée, 1 cuillerée à soupe de clous de girofle en poudre, 2 cuillerées à café de gingembre en poudre et 1 cuillerée à café de poivre blanc en poudre. Et si vous n'avez pas tout sous la main, contentez-vous de 1 cuillerée à café de cannelle et 1 pincée de clous de girofle en poudre.

- Pour une plus jolie présentation, vous pouvez réaliser cette recette dans des cercles à pâtisserie de 8 cm de diamètre environ.

BÛCHE DE NOËL

EN CRÊPES CHOCOLAT-ORANGE-MARRONS

Pas de génoise dans cette bûche au chocolat et aux marrons en apparence très traditionnelle, mais de grosses crêpes moelleuses à l'indéfinissable parfum de quinoa et quelques gouttes d'huile essentielle d'orange douce, qui met si délicatement en valeur le parfum du chocolat.

POUR 4 À 6 PERSONNES

Pour les crêpes

- 50 g de farine de petit épeautre
- 50 g de farine de quinoa
- 30 g de sucre intégral
- 1 pincée de sel
- 1 œuf
- 200 ml de lait d'avoine

Pour la crème au chocolat

- 150 g de chocolat noir
- 250 g de purée de marrons (nature, non sucrée)
- 1 c. à soupe de sirop d'agave
- 2 gouttes d'huile essentielle d'orange douce
- 60 ml de crème végétale (riz ou avoine)

Préparer les crêpes : mélanger les farines avec le sucre et le sel, puis incorporer l'œuf. Délayer petit à petit avec le lait d'avoine. Faire cuire 3 grosses crêpes dans une poêle légèrement huilée.
Préparer la crème au chocolat : faire fondre le chocolat à feu très doux, avec 1 cuillerée à soupe d'eau. Ajouter la purée de marrons, le sirop d'agave et l'huile essentielle. Bien mélanger. Incorporer la crème végétale.
Disposer 1 crêpe sur une grande feuille de film alimentaire. Recouvrir d'un tiers de la crème au chocolat, jusqu'à 2 cm des bords. Répéter l'opération avec les deux autres crêpes et le reste de la crème. Enrouler délicatement le tout et refermer le film alimentaire en serrant bien. Placer au réfrigérateur pour 30 minutes minimum.
Au moment de servir, ôter le film alimentaire et couper les extrémités de la bûche afin d'avoir des bords nets.

Variantes

- Pour une bûche encore plus chocolat, ajoutez 10 g de poudre de cacao dans la pâte à crêpes.
- En version bûches individuelles, ne superposez que 2 crêpes recouvertes de crème, roulez-les dans du film alimentaire, laissez-les prendre au réfrigérateur et découpez-les en tronçons.

Idées déco

Recouvrez votre bûche d'un glaçage au chocolat noir ou blanc, de poudre de cacao (après avoir disposé sur la bûche des formes en carton en guise de pochoirs), de marrons glacés, de petites baies...

MILLE-FEUILLE
DE CRÊPES FAÇON TIRAMISU

Encore plus gourmand que le tiramisu classique : dans cette recette, la traditionnelle crème au mascarpone se glisse entre de grosses crêpes moelleuses au café et au lait d'amande.

POUR 4 À 6 PERSONNES

Pour les crêpes

- 150 g de farine de riz semi-complet
- 50 g de sucre intégral
- 2 œufs
- 200 ml de lait d'amande
- 100 ml de café bien fort

Pour la garniture

- 2 œufs, jaunes et blancs séparés
- 60 g de sucre de canne blond
- 200 g de mascarpone
- 40 g de chocolat noir
- 1 c. à soupe de cacao en poudre non sucré

Préparer les crêpes : mélanger la farine avec le sucre, puis incorporer les œufs. Délayer petit à petit avec le lait d'amande, puis avec le café tiède. Faire cuire les crêpes dans une poêle légèrement huilée. Réserver.

Préparer la crème : fouetter énergiquement les jaunes d'œufs avec le sucre jusqu'à l'obtention d'une crème onctueuse et homogène. Ajouter le mascarpone et bien mélanger. Monter les blancs d'œufs en neige ferme, avec 1 pincée de sel, puis les incorporer délicatement à la crème au mascarpone.

Découper les crêpes à la taille d'un plat carré d'environ 18 cm de côté. En placer une dans le fond du plat, recouvrir de crème, puis de fins copeaux de chocolat. Renouveler l'opération jusqu'à épuisement des ingrédients, en terminant par une couche de cacao en poudre tamisé. Placer au réfrigérateur pour 3 heures minimum. Servir bien frais.

CRÊPES DES ROIS,

FRANGIPANE AU CITRON BERGAMOTE

Ces crêpes acidulées au parfum de rhum, d'amande et de bergamote sont à consommer en version individuelle… ou à garnir d'une fève et à partager comme une vraie galette !

POUR UNE DEMI-DOUZAINE DE CRÊPES

Pour les crêpes

- 150 g de farine de blé T80
- 25 g de sucre de canne blond
- 2 œufs
- 300 ml de lait d'amande
- 1 bouchon de rhum

Pour la frangipane au citron bergamote

- 50 g de purée d'amande blanche
- 40 g de sucre de canne blond
- 1 citron bergamote
- 70 g d'amandes
- 1 c. à soupe de yaourt de soja

Préparer la frangipane : mélanger la purée d'amande avec le sucre, puis incorporer le jus et le zeste du citron bergamote. Moudre finement les amandes à l'aide d'un petit mixeur ou d'un moulin à café, puis les ajouter au mélange précédent. Incorporer le yaourt. Réserver au réfrigérateur.

Préparer la pâte à crêpes : mélanger la farine et le sucre, puis incorporer les œufs. Délayer petit à petit avec le lait d'amande, puis avec le rhum et 100 ml d'eau.

Faire cuire les crêpes dans une poêle bien chaude enduite d'un peu d'huile d'olive, puis les garnir d'une fine couche de frangipane, les rouler et les servir.

Version galette des Rois

Confectionnez un gâteau de crêpes en alternant plusieurs couches de crêpes et de frangipane – et n'oubliez pas de glisser une fève au milieu !

Achevé d'imprimer en janvier 2013